Raquel Carpenter

Devocionário do Sangue de Jesus

ANGELVS
EDITORA

DEVOCIONÁRIO DO
SANGUE DE JESUS
Copyright © Angelus Editora - 2021
3ª Edição

Direção Editorial:
Maristela Ciarrocchi

Preparação:
Rogério Arruda Martins

Revisão:
Tatiana Rosa Nogueira Dias

Capa, projeto gráfico e diagramação:
Tiago Arruda Martins

ISBN:978-65-89083-08-5

SUMÁRIO

APRESENTAÇÃO	5
INTRODUÇÃO	8
1. CONSAGRAÇÃO PARA O DIA DA FESTA DO PRECIOSÍSSIMO SANGUE DE CRISTO	11
2. TERÇO DO SANGUE DE JESUS	14
3. CLAMANDO PELO BRASIL PELO SANGUE DE JESUS	20
4. ESCONJURAÇÃO DAS DEZ PRAGAS	23
5. LIBERTOS DE TODO O MAL	28
6. TERÇO DO COMBATE	36
7. TERÇO DAS LÁGRIMAS DE SANGUE DE MARIA ROSA MÍSTICA	38
8. ORAÇÃO DE SANTA BRÍGIDA EM HONRA AO SANGUE DE JESUS	42
9. CERCO DE JERICÓ DO SANGUE DE JESUS	52

10. ORAÇÃO DE LIBERTAÇÃO 65

11. NOVENA DO PRECIOSO SANGUE DE JESUS 67

12. LADAINHA AO PRECIOSÍSSIMO SANGUE DE JESUS 80

13. CONSAGRAÇÃO AO SANGUE DE JESUS 86

14. COROA DAS CINCO CHAGAS DE JESUS CRISTO 89

15. ADORAÇÃO ÀS CINCO SANTAS CHAGAS DE NOSSO SENHOR JESUS 99

16. SETE OFERECIMENTOS DO SANGUE DE JESUS 117

17. ORAÇÃO PARA BEBER ÁGUA BENTA 123

18. ORAÇÃO AO ACENDER UMA VELA 125

19. EXAME DE CONSCIÊNCIA PARA UMA BOA CONFISSÃO INDIVIDUAL 127

REFERÊNCIAS BIBLIOGRÁFICAS 150

APRESENTAÇÃO

É uma alegria e uma graça para mim e para toda a Comunidade Água Viva divulgar esta devoção tão poderosa e tão preciosa que é a Devoção ao Sangue de Jesus!

Já compartilhei com você no meu livro: "O Poder do Sangue de Jesus" o meu testemunho de cura do Lúpus Sistêmico Eritematoso, uma doença incurável, e por meio das orações desta devoção (diariamente em nossos canais de evangelização @comaguaviva e @raquelaguaviva), temos erguido no Brasil e no mundo um grande clamor a Deus, e tenho visto muitas pessoas tocarem o sobrenatural em suas vidas, alcançando muitas Graças e até mesmo milagres!

Também escrevi o livro dedicado ao público infantil "A Força do Sangue de Jesus" para que pais e filhos possam mergulhar nesta devoção.

Por isso, venho até você mais uma vez com este Devocionário para que se una a nós nessa grande família de oração: 'lavar e alvejar nossas vestes no Sangue do Cordeiro, para que Deus nos conduza às fontes de água vivificantes' (Cf. Ap 7, 13-17).

Para aquele que crê no poder do Sangue de Jesus: **NADA É IMPOSSÍVEL!!**

Desejo que este Devocionário possa te tornar também um grande devoto e propagador do Poderoso Sangue de Jesus!

INTRODUÇÃO

O sangue será um sinal para indicar as casas em que vocês estiverem; quando eu vir o sangue, passarei adiante. A praga de destruição não os atingirá quando eu ferir o Egito.

(Êxodo 12,13)

Deus instruiu toda família Israelita a tomar um cordeiro sem defeito para que pudessem comer e para que passassem o sangue nas portas de suas casas. Diante das pragas do Egito, essa foi a ordem dada para que o povo de Israel fosse protegido. Se o fizessem, seus primogênitos seriam poupados. Se não o fizessem, seus primogênitos morreriam durante a noite juntamente com todos os primogênitos de seus rebanhos. Deus desejava libertar seu povo de tudo o que o escravizava, levantou seu profeta Moisés, que fosse até o Faraó para que este libertasse o povo. Diante da dureza do Faraó, vieram as pragas que afetaram todo o Egito. Mas, o que precisamos analisar é que, durante todo este tempo, Deus estava lutando pelo povo de Israel, por seu povo, e nenhuma praga o atingiu. O POVO DE ISRAEL FOI PROTEGIDO DE TODO MAL!

Esta foi a ordem do Senhor: *"Tomarão do seu sangue e o porão sobre as duas ombreiras e sobre a moldura da porta das casas em que o comerem"!* (Ex 12,7). Marcar as portas com o sangue do cordeiro foi uma ordem dada pelo Senhor ao povo de Moisés. Ainda hoje essa é a ordem para nós, é preciso despertar para este grande alerta de Deus para a humanidade: *"SE PROTEJAM COM O MEU SANGUE!".*

Se faz urgente clamarmos o Sangue do Cordeiro diariamente para nos proteger, nos purificar, nos fortalecer, nos curar e nos libertar. As famílias precisam despertar para essa ordem, pois ela é atual. Estamos em tempos difíceis, estamos em tempo de combate espiritual e, ao clamarmos o Sangue de Cristo sobre nós, estamos clamando toda a graça de Cristo, toda a vitória da Cruz para nós. Este devocionário será de grande auxílio em sua vida espiritual, faça do Sangue de Jesus seu sustento e remédio diário.

Já declare: **É graça sobre graça e benção sobre benção sobre minha vida!!**

1

CONSAGRAÇÃO PARA O DIA DA FESTA DO PRECIOSÍSSIMO SANGUE DE CRISTO[1]

Senhor Jesus Cristo, em Vosso nome e com o poder de Vosso Sangue Precioso, selamos cada pessoa, fato ou acontecimento por meio dos quais o inimigo nos queira prejudicar.

Com o poder do Sangue de Jesus, selamos toda potência destruidora no ar, na terra, na água, no fogo, abaixo da terra,

---

[1] - dia 1º de Julho é dedicado à Festa do Sangue de Cristo

nos abismos do inferno e no mundo do qual hoje nos moveremos.

Com o poder do Sangue de Jesus, rompemos toda interferência e ação do maligno. Nós Vos pedimos, Senhor, que envieis ao nosso lar e local de trabalho a Santíssima Virgem Maria acompanhada de São Miguel, São Gabriel, São Rafael e toda sua corte de santos anjos.

Com o poder do Sangue de Jesus, lacramos nossa casa, todos os que nela habitam (nomear cada um), as pessoas que o Senhor a ela enviará, assim como todos os alimentos e os bens que generosamente nos concede para nosso sustento.

Com o poder do Sangue de Jesus, lacramos terras, portas, janelas, objetos, paredes e pisos, o ar que respiramos, e na fé colocamos um círculo de Seu Sangue ao redor de toda nossa família.

Com o poder do Sangue de Jesus, lacramos os lugares onde vamos estar, neste dia, e as pessoas, empresas e instituições com quem vamos tratar.

Com o poder do Sangue de Jesus, lacramos nosso trabalho material e espiritual, os negócios de nossa família, os veículos, estradas, ares, ruas e qualquer meio de transporte que haveremos de utilizar.

Com Vosso Preciosíssimo Sangue, lacramos atos, mentes e corações de nossa Pátria, a fim de que Vossa paz e Vosso Coração nela reinem.

Nós Vos agradecemos, Senhor, pelo Vosso Preciosíssimo Sangue, pelo qual nós fomos salvos e preservados de todo mal. Amém.

2

TERÇO DO SANGUE DE JESUS

MEDITAÇÃO INICIAL

> "Quereis conhecer o poder do Sangue de Cristo? Repare de onde começou a correr e de que fonte brotou." (São João Crisóstomo)

Creio...

PRIMEIRO MISTÉRIO

Medite neste mistério sobre a graça redentora alcançada pelo Sangue de Jesus.

Na conta grande: **"Pai, perdoa-lhes, pois eles não sabem o que fazem." (Lc 23,34)**

Na conta vermelha: **"Jesus, lava-me com Teu Sangue." (7x)**

"Para aquele que crê no poder do Sangue de Jesus, nada é impossível."

SEGUNDO MISTÉRIO

Reze este mistério como uma declaração de Confiança. Aquele que pede, recebe. Já declare sua vitória, seu impossível.

Na conta grande: **"Hoje estarás comigo no paraíso." (Lc 23,43)**

Na conta vermelha: **"Eu sou vitorioso(a) pelo Sangue de Jesus." (7x)**

"Para aquele que crê no poder do Sangue de Jesus, nada é impossível."

TERCEIRO MISTÉRIO

Apresente todos os membros de sua família, coloque o nome de cada um deles e peça o derramamento do Sangue de Jesus sobre eles.

Na conta grande: **"Eis aí tua mãe."** (Jo 19,27)

Na conta vermelha: **"Jesus, lava-me com Teu Sangue e todas as pessoas que comigo convivem."** (7x)

"Para aquele que crê no poder do Sangue de Jesus, nada é impossível."

QUARTO MISTÉRIO

Peça ao Senhor que cure toda a sua história, visite seu passado e o(a) liberte de tudo que lhe prende. Creia, o Senhor deseja lhe curar.

Na conta grande: **"Meu Deus, por que me abandonaste?" (Mc 15,34)**

Na conta vermelha: **"Jesus, lava toda a minha história com Teu Sangue." (7x)**

"Para aquele que crê no poder do Sangue de Jesus, nada é impossível."

QUINTO MISTÉRIO

Peça ao Senhor que lhe lave e lhe perdoe de todo pecado. Faça mais uma vez, neste dia, um grande pedido de perdão.

Na conta grande: **"Tenho sede." (Jo 19,28)**

Na conta vermelha: **"Jesus, purifica-me com Teu Sangue." (7x)**

"Para aquele que crê no poder do Sangue de Jesus, nada é impossível."

SEXTO MISTÉRIO

Peça ao Senhor neste momento que lhe liberte de todo mal, de todo jugo hereditário, de toda maldição familiar.

Na conta grande: **"Tudo está consumado." (Jo 19,30)**

Na conta vermelha: **"Jesus, liberte-me pelo Teu Sangue redentor." (7x)**

"Para aquele que crê no poder do Sangue de Jesus, nada é impossível."

SÉTIMO MISTÉRIO

Declare sua vitória!

Na conta grande: **"Pai, em tuas mãos entrego meu Espírito." (Lc 23,46)**

Na conta vermelha: **"Eu sou vitorioso(a) pelo Sangue de Jesus." (7x)**

"Para aquele que crê no poder do Sangue de Jesus, nada é impossível."

ORAÇÃO FINAL DO TERÇO

Que Teu Sangue seja para nós cobertura e proteção e que o Divino Espírito Santo renove em cada um de nós sua unção, sua força e seu poder.

Glória ao Pai, ao Filho e ao Espírito Santo… Amém!

3

CLAMANDO PELO BRASIL PELO SANGUE DE JESUS

Clamemos que o Senhor liberte nosso país pelo Poder de seu Sangue.

(Seguir a oração do Terço do Sangue de Jesus normalmente até o quarto mistério)

QUINTO MISTÉRIO

Na conta grande: **"Tenho sede."** (Jo 19,28)

Na conta vermelha: **"Jesus, purifica o Brasil com Teu Sangue."** (7x)

"Para aquele que crê no poder do Sangue de Jesus, nada é impossível."

SEXTO MISTÉRIO

Na conta grande: **"Tudo está consumado." (Jo 19,30)**

Na conta vermelha: **"Jesus, liberta o Brasil pelo Teu Sangue redentor." (7x)**

"Para aquele que crê no poder do Sangue de Jesus, nada é impossível."

SÉTIMO MISTÉRIO

Declare sua vitória!

Na conta grande: **"Pai, em tuas mãos entrego meu Espírito." (Lc 23,46)**

Na conta vermelha: **"Nós somos vitoriosos pelo Sangue de Jesus." (7x)**

"Para aquele que crê no poder do Sangue de Jesus, nada é impossível."

ORAÇÃO FINAL DO TERÇO

Que Teu Sangue seja para nós cobertura e proteção e que o Divino Espírito Santo renove em cada um de nós sua unção, sua força e seu poder.

Glória ao Pai, ao Filho e ao Espírito Santo... Amém!

4

ESCONJURAÇÃO DAS DEZ PRAGAS

Deus Pai, que manifestastes Vosso poder ao Faraó do Egito, afligindo-o por meio das dez pragas, não permitiste que mal algum assolasse o povo que vivia na escravidão. Renuncio ao pecado e às obras do maligno; e confesso que somente o Senhor é o Rei Soberano da minha vida e de tudo o que tenho. Aquebranto o meu coração diante da Vossa presença e rendo-Vos louvores, pois Vós sois digno de toda adoração.

Rogo, hoje, pela libertação de todas as pragas que me afligem.

Esconjuro as águas em sangue, para que elas tornem-se límpidas e vivificantes. Todo comportamento hostil daqueles que me cercam seja amortizado, que o tíbio torne-se fervoroso e o impaciente torne-se sereno. Por Cristo Senhor Nosso. AMÉM.

Esconjuro a praga das rãs, para que assim como elas apareceram, elas possam desaparecer. Que as confusões e conflitos advindos retornem para o lugar de onde vieram, assim como a briga e a discórdia devem desaparecer. Por Cristo Senhor Nosso. AMÉM.

Esconjuro a praga dos piolhos, para que sejam repreendidos e dispersos. Que toda intriga e desentendimento sejam desfeitos e deem lugar ao Espírito de paz e de unidade. Por Cristo Senhor Nosso. AMÉM.

Esconjuro a praga das moscas, para que os ventos do Espírito as levem para longe. Que toda dispersão dê lugar a centralidade do Vosso Filho Jesus Cristo e a Sua Palavra. Por Cristo Senhor Nosso. AMÉM.

Esconjuro a praga da peste no gado, para que os males contra nossos bens e propriedades não possam nos prejudicar. Que todas as formas de falência e perdas sejam extirpadas e deem lugar à abundância e a fartura. Por Cristo Senhor Nosso. AMÉM.

Esconjuro a praga das úlceras e dos tumores, para que as enfermidades sejam saradas e os malefícios libertos.

Que toda doença física, mental e espiritual sejam curadas pelas Vossas Chagas Gloriosas e a salubridade do Espírito Santo seja derramada sobre nós. Por Cristo Senhor Nosso. AMÉM.

Esconjuro a praga da saraiva, para que toda força de destruição seja convertida em construção. Que as edificações temporais e atemporais, visíveis e invisíveis sejam fortalecidas e protegidas contra as intempéries da vida e do maligno. Por Cristo Senhor Nosso. AMÉM.

Esconjuro a praga dos gafanhotos, para que os males e as contingências da vida não destruam nossa fé. Que a Eucaristia e a Palavra sejam uma perene fonte de alimento para a nossa fé e nossa esperança contra as adversidades da vida. Por Cristo Senhor Nosso. AMÉM.

Esconjuro a praga dos três dias de escuridão, para que as noites escuras da alma deem lugar à luz da verdade. Que toda ilusão e mentira se desfaçam e que as escamas que nos cegam caiam por terra. Por Cristo Senhor Nosso. AMÉM.

Esconjuro a praga da morte dos primogênitos, para que a morte dos nossos sonhos e projetos seja ressuscitada. Que toda desmotivação e decepção seja cortada da nossa vida e que sejamos vivificados pelo Espírito de Deus. Por Cristo Senhor Nosso. AMÉM.

5

LIBERTOS DE TODO O MAL

O Sangue de Jesus tem o poder de nos libertar de todo o mal, mas para isso é necessário um grande empenho de purificação e oração. Proponho a você uma semana de oração e purificação. Una a estas orações, um jejum na semana e procure fazer um bom exame de consciência e uma confissão individual e você verá as grandes graças que você e sua família receberão.

Inicie esta oração diariamente com a **Oração do Creio**, o **Terço do Sangue de Jesus** e a **Oração de Esconjuração das Dez Pragas.**

PRIMEIRO DIA

- Em Nome do Pai, do Filho e do Espírito Santo. Amém!

- Creio...

- Palavra Bíblica (declare-a com todo poder):

> *"Que coisa é o ser humano para dele te lembrares; o filho do homem para dele visitardes? No entanto o fizeste só um pouco menor que um deus, de glória e honra o coroaste. Tu o colocaste à frente das obras de tuas mãos."* (Sl 8, 5-7)

- Terço do Sangue de Jesus (pág. 14)

- Oração de Esconjuração das Dez Pragas (pág. 23)

- **Glória ao Pai, ao Filho e ao Espírito Santo, como era no princípio, agora e sempre. Amém!**

SEGUNDO DIA

- Em nome do Pai, do Filho e do Espírito Santo. Amém!

- Creio...

- Palavra Bíblica (declare-a com todo poder):

> *"Eu te louvo porque me fizeste maravilhoso, são admiráveis as tuas obras, tu me conheces por inteiro."* (Sl 138 (139))

- Terço do Sangue de Jesus (pág. 14)

- Oração de Esconjuração das Dez Pragas (pág. 23)

- **Glória ao Pai, ao Filho e ao Espírito Santo, como era no princípio, agora e sempre. Amém!**

TERCEIRO DIA

- Em nome do Pai, do Filho e do Espírito Santo. Amém!

- Creio...

- Palavra Bíblica (declare-a com todo poder):

> *"O Senhor se inclinou do seu alto santuário, dos céus olhou a terra, para ouvir os gemidos dos cativos e libertar os condenados a morrer."* (Sl 101 (102), 20-21)

- Terço do Sangue de Jesus (pág. 14)

- Oração de Esconjuração das Dez Pragas (pág. 23)

- **Glória ao Pai, ao Filho e ao Espírito Santo, como era no princípio, agora e sempre. Amém!**

QUARTO DIA

- Em nome do Pai, do Filho e do Espírito Santo. Amém!

- Creio...

- Palavra Bíblica (declare-a com todo poder):

> *"Caríssimos, desde já somos filhos de Deus, mas nem sequer se manifestou o que seremos!"* (1 Jo 3, 2)

- Terço do Sangue de Jesus (pág. 14)

- Oração de Esconjuração das Dez Pragas (pág. 23)

- **Glória ao Pai, ao Filho e ao Espírito Santo, como era no princípio, agora e sempre. Amém!**

QUINTO DIA

- Em nome do Pai, do Filho e do Espírito Santo. Amém!

- Creio...

- Palavra Bíblica (declare-a com todo poder):

> *"Como os filhos têm em comum a carne e o sangue, também Jesus participou da mesma condição, para destruir, com a sua morte, aquele que tinha o poder da morte, isto é, o diabo."* (Hb 2, 14)

- Terço do Sangue de Jesus (pág. 14)

- Oração de Esconjuração das Dez Pragas (pág. 23)

- Glória ao Pai, ao Filho e ao Espírito Santo, como era no princípio, agora e sempre. Amém!

SEXTO DIA

- Em nome do Pai, do Filho e do Espírito Santo. Amém!

- Creio...

- Palavra Bíblica (declare-a com todo poder):

"Deus criou o ser humano à Sua imagem, à imagem de Deus o criou." (Gn 1, 27)

- Terço do Sangue de Jesus (pág. 14)

- Oração de Esconjuração das Dez Pragas (pág. 23)

- **Glória ao Pai, ao Filho e ao Espírito Santo, como era no princípio, agora e sempre. Amém!**

SÉTIMO DIA

- Em nome do Pai, do Filho e do Espírito Santo. Amém!

- Creio...

- Palavra Bíblica (declare-a com todo poder):

"Antes de formar-te no seio de tua mãe, eu já te conhecia; antes de saíres do ventre, eu te consagrei e te fiz profeta para as nações." (Jr 1, 5)

- Terço do Sangue de Jesus (pág. 14)

- Oração de Esconjuração das Dez Pragas (pág. 23)

- Glória ao Pai, ao Filho e ao Espírito Santo, como era no princípio, agora e sempre. Amém!

6

TERÇO DO COMBATE

Em nome do Pai, do Filho e do Espírito Santo. Amém!

Creio...

Nas contas grandes: Peço aos anjos celestes do trono de Deus, principados, potestades, querubins e serafins, ao meu anjo da guarda e à Nossa Senhora que venham sobre mim, para proteger, libertar, desacorrentar, quebrar todo mal que há em mim, porque o Sangue de Jesus tem poder e é perpétuo sobre mim.

Nas contas pequenas: O Sangue de Jesus tem poder e é perpétuo sobre mim.

Oração Final: Louvadas, benditas, glorificadas e adoradas sejam as Santíssimas Chagas do Corpo Santo de Jesus!

7

TERÇO DAS LÁGRIMAS DE SANGUE DE MARIA ROSA MÍSTICA

Em nome do Pai, do Filho e do Espírito Santo. Amém!

Creio...

Oração Inicial: Jesus Crucificado, ajoelhados aos Vossos Pés, nós Vos oferecemos as Lágrimas de Sangue daquela que Vos acompanhou no Vosso caminho sofredor da Cruz, com intenso amor participante. Fazei, ó Bom Mestre, que apreciemos as lições que nos dão as Lágrimas de Sangue da Vossa Mãe Santíssima, a fim de que cumpramos a Vossa Santíssima vontade aqui na Terra, de tal modo que sejamos dignos de louvar-Vos no Céu por toda a eternidade. Amém!

CONTEMPLANDO AS SETE DORES DE NOSSA SENHORA:

- **1ª dor:** A espada a transpassa a alma conforme a profecia do velho Simeão no templo.

- **2ª dor:** A fuga da Sagrada Família para o Egito.

- **3ª dor:** Nossa Senhora perde o seu Divino Filho por três dias.

- **4ª dor:** O encontro com Nosso Senhor todo flagelado e

carregando a Sua pesadíssima Cruz nos ombros.

- **5ª dor:** A bárbara crucificação e morte de seu Divino Filho.

- **6ª dor:** Nossa Senhora recebe em seus braços o seu Filho inteiramente chagado, morto e transpassado pela lança.

- **7ª dor:** Nossa Senhora acompanha o seu Divino Filho à sepultura.

Nas contas grandes: Ó Jesus, olhai para as Lágrimas de Sangue daquela que mais Vos amou no mundo e Vos ama mais intensamente no Céu.

Nas contas pequenas: Ó Jesus, atendei as nossas súplicas, em virtude das Lágrimas de Sangue da Vossa Mãe Santíssima.

No final, repete-se 3 vezes: Ó Jesus, olhai para as Lágrimas de Sangue daquela que mais Vos amou no mundo e Vos ama mais intensamente no Céu!

Oração Final: Ó Maria, Mãe de amor, das Dores e de Misericórdia, nós Vos suplicamos: uni as Vossas súplicas às nossas, a fim de que Jesus, Vosso Divino Filho, a quem nos dirigimos, em nome das Vossas Lágrimas maternais de Sangue, atenda as nossas súplicas e se digne conceder-nos as graças pelas quais Vos suplicamos, a coroa da vida eterna. Que as Vossas Lágrimas de Sangue, ó Mãe das Dores, destruam as forças do inferno. Pela Vossa mansidão Divina, ó Jesus crucificado, preservai o mundo da perda ameaçadora. Amém!

8

ORAÇÃO DE SANTA BRÍGIDA EM HONRA AO SANGUE DE JESUS

Vinde, Espírito Santo, enchei os corações dos vossos fiéis e acendei neles o fogo do Vosso amor. Enviai o Vosso Espírito e tudo será criado e renovareis a face da Terra.

Oremos: Ó Deus, que instruís os corações dos vossos fiéis com a luz do Espírito Santo, concedei-nos que, pelo mesmo Espírito Santo, saibamos o que é reto e gozemos sempre de sua preciosa consolação. Por Cristo, Senhor Nosso. Amém.

Oração inicial: Ó Jesus, agora quero rezar 7 vezes o Pai Nosso unido àquele amor com que Vós santificastes e dulcificastes no Vosso Coração esta prece. Aceitai-os dos meus lábios para o Vosso divino Coração, melhorai-os e aperfeiçoai-os tanto que eles promovam tanta honra e glória à SS. Trindade como Vós a oferecestes por esta oração. E esta honra e glória transborde para Vossa SS. natureza humana, a fim de glorificar Vossas santas chagas e o preciosíssimo Sangue derramado por Vós.

1º MISTÉRIO: CIRCUNCISÃO DE JESUS

Pai nosso ...

Pai Eterno, pelas mãos imaculadas de Maria e pelo Divino Coração de Jesus, ofereço-Vos a primeira ferida, as primeiras dores e o primeiro derramamento do Sangue de Jesus como reparação dos meus pecados e dos de todos os homens durante a juventude, como preservativo contra os primeiros pecados graves principalmente entre os meus parentes.

Ave Maria...

2º MISTÉRIO: O SUOR DE SANGUE

Pai nosso...

Pai Eterno, pelas mãos imaculadas de Maria e pelo Divino Coração de Jesus, ofereço-Vos os horríveis tormentos de Jesus no Horto das Oliveiras e cada gota do Seu suor de sangue como reparação dos meus pecados de coração e os de todos os homens, como preservativo contra tais pecados e pelo aumento do amor a Deus e ao próximo.

Ave Maria...

3º MISTÉRIO: FLAGELAÇÃO DE JESUS

Pai nosso...

Pai Eterno, pelas mãos imaculadas de Maria e pelo Divino Coração de Jesus, ofereço-Vos as milhares feridas, as dores cruéis e o preciosíssimo Sangue de Jesus derramado na flagelação como reparação dos meus pecados da carne e os de todos os homens, como preservativo contra tais pecados e para a conservação da pureza principalmente nos meus parentes.

Ave Maria...

4º MISTÉRIO: COROAÇÃO DE ESPINHOS

Pai nosso...

Pai Eterno, pelas mãos imaculadas de Maria e pelo Divino Coração de Jesus, ofereço-Vos as feridas, as dores e o precioso Sangue da Santa Cabeça de Jesus derramado na coroação de espinhos como reparação dos meus pecados de espírito e os de todos os homens, como preservativo contra tais pecados e pela expansão do Reino de Cristo na Terra.

Ave Maria...

5º MISTÉRIO: CAMINHO DA CRUZ

Pai nosso...

Pai Eterno, pelas mãos imaculadas de Maria e pelo Divino Coração de Jesus, ofereço-Vos os sofrimentos de Jesus na sua Via Sacra em particular na santa chaga do ombro e o precioso Sangue da mesma como reparação da minha revolta e a de todos os homens contra a cruz, do meu resmungar contra as determinações de Vossa Santa Vontade e de todos os outros pecados da língua, como preservativo contra tais pecados e para obter verdadeiro amor à cruz.

Ave Maria ...

6º MISTÉRIO: CRUCIFICAÇÃO DE JESUS

Pai nosso...

Pai Eterno, pelas mãos imaculadas de Maria e pelo Divino Coração de Jesus, ofereço-Vos o Vosso Divino Filho na cruz, a sua elevação na cruz, Suas chagas nas mãos e pés e as três torrentes do Seu Santo Sangue que delas se derramaram por nós, Sua extrema pobreza, Sua obediência, todos os Seus tormentos do corpo e da alma, Sua morte preciosa e a incruenta renovação dela em todas as santas missas da Terra inteira como reparação de todas as transgressões dos santos votos e regras das ordens e congregações, dos meus pecados e dos do mundo inteiro, em favor dos doentes e moribundos, para obter santos sacerdotes e leigos, nas intenções do Santo Padre, para a restauração das famílias cristãs, para fortaleza na fé, por nossa pátria e a união dos povos em Cristo e Sua Igreja, como também pela diáspora.

Ave Maria...

7º MISTÉRIO: ABERTURA DO SANTO LADO

Pai nosso...

Pai Eterno, dignai-vos aceitar para as necessidades da Santa Igreja e como reparação dos pecados de todos os homens o preciosíssimo Sangue e água que manaram da Chaga do Divino Coração de Jesus e sede para todos nós clemente e misericordioso. Sangue de Cristo, último e preciosíssimo tesouro do Seu Sagrado Coração, purificai-me de todas as culpas, minhas e alheias, água do lado de Cristo, purificai-me de todos os castigos do pecado e apagai as chamas do purgatório para mim e para todas as almas santas nele. Amém.

Ave Maria...

Ó Doce Jesus, vulnerai o meu coração, a fim de que lágrimas de arrependimento, de compunção e de amor, noite e dia, me sirvam de alimento. Convertei-me inteiramente a Vós. Que o meu coração Vos sirva de perpétua habitação; que a minha conduta Vos seja agradável e que o fim da minha vida seja de tal modo edificante que eu possa ser admitido no Vosso Paraíso, onde, com os Vossos Santos, hei de Vos louvar para sempre. Assim seja!

Consagração a Nossa Senhora: Ó Santa Mãe Dolorosa de Deus, ó Virgem Dulcíssima: eu Vos ofereço meu coração para que o conserveis intacto, como Vosso Coração Imaculado.

Eu Vos ofereço a minha inteligência, para que ela conceba apenas pensamentos de paz e bondade, de pureza e verdade. Eu Vos ofereço minha vontade, para que ela se mantenha viva e generosa ao serviço de Deus. Eu Vos ofereço meu trabalho, minhas dores, meus sofrimentos, minhas angústias, minhas tribulações e minhas lágrimas, no meu presente e no meu futuro para serem apresentadas por Vós a Vosso Divino Filho, para purificação de minha vida. Mãe compassiva, eu me refugio em Vosso Coração Imaculado, para acalmar as dolorosas palpitações de minhas tentações, de minha aridez, de minha indiferença e das minhas negligências. Escutai-me, ó Mãe, guiai-me, sustentai-me e defendei-me contra todo perigo da alma e do corpo, agora e para toda a eternidade. Assim seja.

9

CERCO DE JERICÓ DO SANGUE DE JESUS

DERRUBANDO MURALHAS PELO SANGUE DE JESUS

REVISTA-SE COM A ARMADURA DE DEUS, VESTES ESPIRITUAIS DE EFÉSIOS 6,10-18:

Revisto-me da armadura de Deus, para resistir às ciladas do demônio. Pois não é contra homens de carne e sangue que tenho de lutar, mas contra os principados e potestades, contra os príncipes deste mundo tenebroso, contra as forças espirituais do mal (espalhadas) nos ares. Tomo a armadura de Deus, para resistir nos dias maus e manter-me inabalável no cumprimento do meu dever cristão. Permaneço alerta, à cintura cingido com a verdade, o corpo vestido com a couraça da justiça, e os pés calçados de prontidão para anunciar o Evangelho da paz. Embraço o escudo da fé para apagar todos os dardos inflamados do Maligno. Tomo o capacete da salvação e a espada do Espírito, isto é, a palavra de Deus. Intensifico as minhas invocações e súplicas. Oro em toda circunstância, pelo Espírito, no qual persevero em intensa vigília de súplica por todos os cristãos.

AGORA RECORRA A DEUS, PARA QUE SEJAM DEFINITIVAMENTE DESTRUÍDAS AS MURALHAS:

Senhor Jesus Cristo, peço-Lhe humildemente que venha em auxílio a minha fraqueza, pois muitas vezes eu me sinto desamparado e aflito. Renove em mim as bênçãos recebidas no sacramento do Batismo e assuma todo o controle e autoridade sobre a minha vontade, desejo e inteligência, e por meio do Espírito Santo derrube agora todas as muralhas que me impedem de viver a minha verdadeira vocação cristã.

Nós invocamos, poder soberano do Sangue de Jesus, o Filho de Deus, prefigurado na antiga aliança, derramado na circuncisão e na agonia do Senhor, na flagelação e na coroação de espinhos, no caminho do calvário e na Cruz, na perfuração do Seu Coração Sacratíssimo. Nós invocamos, Sangue Precioso de Cristo, presente na eucaristia.

Pelas lágrimas e chagas de sangue da Virgem Maria, pelo sangue de todos os mártires, derramado em honra ao Sangue do Cordeiro Santo, nós Vos invocamos suplicantes. Com todas as milícias celestes, todos os anjos adoradores e de combate,

São Miguel, São Rafael, São Gabriel, os anjos da guarda, com os patriarcas e profetas, os santos e as santas. Humildemente Vos invocamos, Pai Santo, no poder das Chagas do Cordeiro. Todo o poder que deste a Josué, aos seus sacerdotes e companheiros seja manifestado agora sobre mim, minha família e todas as pessoas que participam desta celebração de fé. Selai, Senhor Jesus, com Vosso sangue, todas as brechas que possam estar abertas em mim e em minha família.

Que pelo Seu poderoso nome, Senhor Jesus Cristo, por Seu Preciosíssimo Sangue e pela intercessão da Santíssima Virgem Maria, sejam derrubadas neste momento:

- as muralhas de pragas ou maldições proferidas por meus antepassados e por aqueles que de algum modo possuem autoridade espiritual sobre mim;

- as muralhas de maldições e enfermidades vindas de meus antepassados, enfrentadas por mim ou por meus familiares nos dias de hoje;

- as muralhas do ódio, orgulho, inveja, ciúmes, murmuração, irritação, mau humor e grosserias, impaciência, vingança, perversidades, ressentimento e mágoas, revolta e rebeldia, egoísmo e falsidade, mentiras e brigas, calúnias e fofocas, fingimento e das traições idolatria, vícios, egoísmo, solidão, pensamentos de suicídio, de autoculpa e autopiedade, avareza, compulsões e gula, ansiedade, bancarrota, luxúria e preguiça que têm amarrado o meu coração; sejam derrubadas as muralhas de toda herança negativa que trago de meus antepassados.

- as muralhas de intriga, brigas, contendas, separação, divórcio, adultério, desentendimentos e todo tipo de desunião que tem assolado minha família;

- as muralhas das dificuldades financeiras, da falta de emprego ou de trabalho, empecilhos nos negócios, falta de dinheiro, confusão mental ou emocional e dificuldade de decisão compatível com a Sua Santa vontade;

- as muralhas das doenças da alma que têm atravessado várias gerações de suas famílias, especialmente as práticas que são abomináveis aos seus olhos (Pr 6, 17-19), como a soberba, a mentira, o homicídio, hipocrisia, a inveja, a cobiça, o ódio, e o semear contendas entre irmãos, a prostituição, a dependência de álcool ou drogas, a hipocondria e a língua mentirosa;

- as muralhas do engano de Satanás que norteiam os meus pensamentos, todas as iluminações e astúcias do inimigo, sejam de qual origem forem;

- as muralhas de ocultismo, sortilégio, adivinhação, cartomancia, horóscopo, magia, dependência, pacto, oferendas e consagrações a entidades espirituais, sejam elas da origem que forem;

- as muralhas que estão me impedindo de ser aquilo que o Senhor me criou para ser, e que atrapalham que eu viva aquilo que o Senhor criou para eu viver;

- toda e qualquer ação de Satanás em minha espiritualidade, que me torna escravo e dependente do mal, e que me impede de ser totalmente renovado pelo seu Preciosíssimo Sangue Redentor; (Apresente a Deus a sua intenção particular.

Anote-a ao lado para que seja a mesma durante os 7 dias).

Senhor Jesus Cristo, pelo Teu Santíssimo Nome e Preciosíssimo Sangue e pela intercessão da Santíssima Virgem Maria, eu invoco a presença do Espírito Santo neste momento, aceito a libertação que acabei de receber e renovo as promessas de meu batismo.

Renuncio a Satanás e a seus demônios, a suas obras e astúcias, e assumo Jesus a Sua vitória e libertação completas em todas as áreas da minha vida: física, emocional, espiritual e financeira.

Assumo e recebo, em Teu nome, um novo pentecostes em meu coração e declaro a toda criatura que o Senhor,

Jesus Cristo, é o meu único Salvador, com o Pai e o Espírito Santo! Amém.

(Erga a mão direita)

SENHOR JESUS CRISTO, que conferiu a Sua Santa Igreja a missão de curar os enfermos e libertar os cativos, na qualidade de batizado e na presença de Teus Santos Anjos de batalha, em comunhão com meus irmãos e irmãs aqui presentes, pelo Teu Sangue derramado, por intercessão da Santíssima Virgem Maria, eu ORDENO em Teu Nome, que neste momento:

- seja destruído todo e qualquer poder de Satanás e seus demônios que prejudica, escraviza e domina a minha vida, meus pensamentos, sentimentos, emoções e decisões;

- seja destruído todo e qualquer poder de Satanás e seus demônios que pretende a minha ruína física, emocional, espiritual e financeira;

- seja destruído todo e qualquer poder de Satanás e seus demônios que semeia ódio, desentendimento, mágoa, orgulho, fofoca, julgamento e falta de perdão no meu coração e em minha família;

- seja destruído todo e qualquer poder de Satanás e seus demônios que semeia a desunião na minha casa e na minha família;

- seja destruído todo e qualquer poder de Satanás e seus demônios que pretende incutir em mim o conhecimento trazido por falsas doutrinas e religiões;

- seja destruído todo e qualquer trabalho ou despacho realizado, escrito ou pronunciado contra a minha vida, saúde, casa, amados, bens materiais e fontes de suprimento;

- seja destruído todo e qualquer feitiço, simpatia ou encantamento realizado para destruir a minha fé, esperança e caridade;

- seja destruído todo e qualquer envolvimento anterior que eu tive com doutrinas e religiões que não reconhecem a Jesus Cristo como Messias, Deus e Senhor;

- seja destruída toda e qualquer enfermidade física, emocional ou espiritual que se levantou contra a minha vida para me afastar de Ti, da verdadeira fé e da verdadeira paz;

- seja destruída toda e qualquer enfermidade física que está prejudicando o meu corpo (mencionar a enfermidade);

- seja destruído todo e qualquer problema emocional que me impede de viver a minha verdadeira vocação espiritual, e de ter alegria plena.

Nós Vos louvamos e adoramos, Vos glorificamos e agradecemos por todos os milagres e curas, libertações e prodígios que emanaram do Vosso trono de amor. Bendito seja o Sangue do Filho que, em comunhão com o Pai e Espírito Santo, nos cumula de toda graça e bênção. Amém

Termina-se com a Oração de Libertação (pág. 65)

10

ORAÇÃO DE LIBERTAÇÃO

(Em pé, segurando um Crucifixo com a mão direita)

Levanta-se Deus, intercedendo a Bem-Aventurada Virgem Maria, São Miguel Arcanjo e todas as Milícias Celestes, que sejam dispersos os Seus inimigos e fujam de sua face todos os que O odeiam!

V. Eis a Cruz do Senhor, fugi potências inimigas!

R. Venceu o Leão da Tribo de Judá, a estirpe de Davi.

V. Venha a nós, Senhor, a Vossa misericórdia

R. Como esperamos em Vós

V. Senhor, escutai a minha oração

R. E chegue até Vós o meu clamor.

V. Das emboscadas do demônio,

R. Livra-nos, Senhor.

São Miguel Arcanjo, defendei-nos no combate. Sede o nosso refúgio contra as maldades e as ciladas do demônio. Ordene-lhe Deus, instantemente o pedimos, e vós, Príncipe da Milícia Celeste, pela Virtude Divina, precipitai no inferno a Satanás e a todos os espíritos malignos que andam pelo mundo para perder as almas.

V. São Miguel Arcanjo

R. Rogai por nós.

11

NOVENA DO PRECIOSO SANGUE DE JESUS

A Novena do Sangue de Jesus é uma oração poderosa realizada durante nove dias, em que clamamos por aquilo que para nós parece impossível, mas, para aquele que crê no poder do Sangue de Jesus, NADA É IMPOSSÍVEL!

Iniciamos rezando a oração do **Credo** e, em seguida, a **Ladainha ao Preciosíssimo Sangue de Jesus**. O texto dessa ladainha em honra ao

Preciosíssimo Sangue de Cristo foi criado pela Sagrada Congregação dos Ritos – hoje, Congregação para o Culto Divino – e promulgado pelo Papa João XXIII, em 24 de fevereiro de 1960. Na verdade, sua forma é mais antiga, pois textos similares podem ser encontrados em livros de orações do início do século XX. Aos fiéis que a recitarem devotamente concede-se **indulgência parcial.**

ORAÇÃO PARA TODOS OS NOVE DIAS DA NOVENA:

- **Em nome do Pai, do Filho e do Espírito Santo. Amém!**

- **Creio...**

- Repetir 3x: **Para aquele que crê no poder do Sangue de Jesus, nada é impossível!**

1º DIA DA NOVENA

Reze hoje clamando pelo poder do Sangue de Jesus naquilo que para você é impossível (diga agora sua intenção). *"Pedi e vos será dado! Procurai e encontrareis! Batei e a porta vos será aberta! Pois todo aquele que pede recebe, quem procura encontra e a quem bate, a porta será aberta!"* (Mt 7,7-8)

- Oração de todos os dias (pág. 68)

- Ladainha ao Preciosíssimo Sangue de Jesus (pág. 80)

- Terço do Sangue de Jesus (pág. 14)

2º DIA DA NOVENA

"A oração tem o poder de mudar o curso natural das coisas." (Raquel Carpenter)

Reze hoje clamando o Sangue de Jesus sobre sua vida e seu coração, pedindo a Jesus que aumente em você a fé e a confiança de que o seu impossível já foi acolhido por Ele! Confiar é o primeiro passo para que a obra de Deus se realize em sua vida, é dar espaço para que Deus aja: *"Se creres verás a Glória de Deus"* (Jo 11,40). (Coloque sua intenção.)

- Oração de todos os dias (pág. 68)

- Ladainha ao Preciosíssimo Sangue de Jesus (pág. 80)

- Terço do Sangue de Jesus (pág. 14)

3º DIA DA NOVENA

"E esta é a confiança que temos em Deus: se Lhe pedimos alguma coisa de acordo com a Sua vontade, Ele nos ouve. E se sabemos que Ele nos

ouve em tudo o que Lhe pedimos, sabemos que possuímos o que havíamos pedido." (1Jo 5,14-15)

Repita comigo: "Jesus, eu confio em Ti, sei que estás comigo, Tu conheces o meu coração, eu Te entrego minha vida, meu desejo de estar sempre mais ao Teu lado! Recebe agora, Senhor ". (Coloque sua intenção.).

Amém.

- Oração de todos os dias (pág. 68)

- Ladainha ao Preciosíssimo Sangue de Jesus (pág. 80)

- Terço do Sangue de Jesus (pág. 14)

4º DIA DA NOVENA

Reze hoje com o salmista, com o coração confiante em Sua misericórdia:

"Amo o Senhor porque escuta o clamor da minha prece". (Coloque sua intenção.)

Pois inclinou para mim seu ouvido no dia em que eu o invocava. (...) Então invoquei o nome do Senhor: *'Ó Senhor, salva a minha vida!'*. O Senhor é clemente e justo, o nosso Deus é misericordioso. O Senhor protege os simples: eu era fraco e ele me salvou." (Cf. Sl 116)

- Oração de todos os dias (pág. 68)

- Ladainha ao Preciosíssimo Sangue de Jesus (pág. 80)

- Terço do Sangue de Jesus (pág. 14)

5º DIA DA NOVENA

Eu te convido hoje a rezar com a Palavra da carta aos Filipenses:

"Alegrai-vos sempre no Senhor! Repito, alegrai-vos! Seja a vossa amabilidade conhecida de todos! O Senhor está próximo. Não vos preocupeis com coisa alguma, mas, em toda ocasião, apresentai a Deus os vossos pedidos, em orações e súplicas, acompanhadas de ação de graças. E a paz de Deus, que supera todo entendimento, guardará os vossos corações e os vossos pensamentos no Cristo Jesus!" (Fl 4,4-7).

Reze comigo: "Eu (fale seu nome) me lavo e me consagro ao Sangue de Jesus. Que, pelo poder do Sangue de Jesus, eu seja liberto de toda força espiritual do mal que tenta contra mim, contra minha família, amigos e pessoas queridas. Liberta-me, Senhor, de tudo que me atrapalha de receber e de perceber Tuas Graças em minha vida! Eu me abro para acolher Teu Amor, Tua Alegria, Tua Paz. Recebe meu coração e meu pedido, *EU CONFIO EM TI!*". (Coloque sua intenção.)

- Oração de todos os dias (pág. 68)

- Ladainha ao Preciosíssimo Sangue de Jesus (pág. 80)

- Terço do Sangue de Jesus (pág. 14)

6º DIA DA NOVENA

"É por causa de Sião que eu não me calo, não fico quieto por causa de Jerusalém, enquanto não chegar para ela a justiça como novo dia, e a sua salvação não brilhar qual uma tocha. As nações hão de ver tua justiça, os reis todos verão o teu triunfo." (Is 62,1-2a).

Neste sexto dia da Novena precisamos nos lembrar da fidelidade do Senhor. O olhar dele está voltado para você, Ele tem interesse por você e por seu pedido! (Releia o versículo acima com seu nome.)

Em uma breve oração, agradeça ao Senhor pela fidelidade dele em sua vida! (Coloque sua intenção.)

- Oração de todos os dias (pág. 68)

- Ladainha ao Preciosíssimo Sangue de Jesus (pág. 80)

- Terço do Sangue de Jesus (pág. 14)

7º DIA DA NOVENA

"A oração fervorosa do justo tem grande poder. Assim Elias, que era um homem semelhante a nós, orou com insistência para que não chovesse, e não

houve chuva na terra durante três anos e seis meses. Em seguida tornou a orar, e o céu deu a chuva, e a terra voltou a produzir o seu fruto." (Tg 5,16b-18).

"Tudo o que na oração pedirdes com fé, vós o recebereis." (Mt 21,22)

Neste sétimo dia da Novena, antes de qualquer coisa, você deve acreditar de todo o seu coração! Reze de todo o seu coração, como o profeta Elias! Confiando que Deus escuta sua oração, pelo poder do Sangue de Jesus. (Coloque a sua intenção.)

- Oração de todos os dias (pág. 68)

- Ladainha ao Preciosíssimo Sangue de Jesus (pág. 80)

- Terço do Sangue de Jesus (pág. 14)

8º DIA DA NOVENA

"Se permanecerdes em mim, e minhas palavras permanecerem em vós, pedi o que quiserdes, e vos será dado. Nisto meu Pai é glorificado: que deis muito fruto e vos torneis meus discípulos." (Jo 15,7-8)

Neste oitavo dia da Novena, reze apresentando seu coração e sua vida ao Senhor, entregue a Ele sua vida. Reze comigo: "Senhor, eu entrego minha vida em Tuas mãos, confiando nos Teus cuidados, no Teu amparo e no Teu socorro. Hoje, confiante de que o Senhor acolhe meu coração, eu Te peço...". (Coloque sua intenção.)

- Oração de todos os dias (pág. 68)

- Ladainha ao Preciosíssimo Sangue de Jesus (pág. 80)

- Terço do Sangue de Jesus (pág. 14)

9º DIA DA NOVENA

Neste último dia da Novena, declare com vigor a sua Vitória!

"Eles venceram o Dragão pelo Sangue do Cordeiro e pela palavra de seu próprio testemunho." (Ap 12,11) (Coloque sua intenção.) Repita comigo: "Eu sou vitorioso(a) pelo Sangue de Jesus, nessa situação (fale a intenção que você colocou para esta Novena): eu sou vitorioso(a) pelo Sangue de Jesus!

Minha família é vitoriosa pelo Sangue de Jesus.

Minha situação financeira é vitoriosa pelo Sangue de Jesus.

Meus sonhos e meus planos são vitoriosos pelo Sangue de Jesus."

- Oração de todos os dias (pág. 68)

- Ladainha ao Preciosíssimo Sangue de Jesus (pág. 80)

- Terço do Sangue de Jesus (pág. 14)

Neste último dia fazemos a oração que está na página 86.

12

LADAINHA AO PRECIOSÍSSIMO SANGUE DE JESUS

Senhor, tende piedade de nós.
Cristo, tende piedade de nós.
Senhor, tende piedade de nós.

Jesus Cristo, ouvi-nos.

Jesus Cristo, atendei-nos.

Deus Pai dos céus, tende piedade de nós.

Deus Filho, redentor do mundo, tende piedade de nós.

Deus Espírito Santo, tende piedade de nós.

Santíssima Trindade, que sois um só Deus, tende piedade de nós.

Sangue de Cristo, Sangue do Filho Unigênito do Eterno Pai, salvai-nos.

Sangue de Cristo, Sangue do Verbo de Deus encarnado, salvai-nos.

Sangue de Cristo, Sangue do Novo e Eterno Testamento, salvai-nos.

Sangue de Cristo, correndo pela Terra na agonia, salvai-nos.

Sangue de Cristo, manando abundante na flagelação, salvai-nos.

Sangue de Cristo, gotejando na coroação de espinhos, salvai-nos.

Sangue de Cristo, derramado na cruz, salvai-nos.

Sangue de Cristo, preço da nossa salvação, salvai-nos.

Sangue de Cristo, sem o qual não pode haver redenção, salvai-nos.

Sangue de Cristo, que apagais a sede das almas e as purificais na Eucaristia, salvai-nos.

Sangue de Cristo, torrente de misericórdia, salvai-nos.

Sangue de Cristo, vencedor dos demônios, salvai-nos.

Sangue de Cristo, fortaleza dos mártires, salvai-nos.

Sangue de Cristo, virtude dos confessores, salvai- nos.

Sangue de Cristo, que suscitais almas virgens, salvai-nos.

Sangue de Cristo, força dos tentados, salvai-nos.

Sangue de Cristo, alívio dos que trabalham, salvai-nos.

Sangue de Cristo, consolação dos que choram, salvai-nos.

Sangue de Cristo, esperança dos penitentes, salvai-nos.

Sangue de Cristo, conforto dos moribundos, salvai-nos.

Sangue de Cristo, paz e doçura dos corações, salvai-nos.

Sangue de Cristo, penhor de eterna vida, salvai- nos.

Sangue de Cristo, que libertais as almas do Purgatório, salvai-nos.

Sangue de Cristo, digno de toda a honra e glória, salvai-nos.

Cordeiro de Deus, que tirais o pecado do mundo, perdoai-nos, Senhor.

Cordeiro de Deus, que tirais o pecado do mundo, ouvi-nos, Senhor.

Cordeiro de Deus, que tirais o pecado do mundo, tende piedade de nós, Senhor.

V. Remistes-nos, Senhor, com o Vosso Sangue.
R. E fizestes de nós um reino para o nosso Deus.

OREMOS: Todo-Poderoso e Eterno Deus, que constituíste o Vosso Unigênito Filho, Redentor do mundo, e quisestes ser aplacado com o seu Sangue, concedei-nos a graça de venerar o preço da nossa salvação e de encontrar, na virtude que Ele contém, defesa contra os males da vida presente, de tal modo que eternamente gozemos dos seus frutos no Céu. Pelo mesmo Cristo, Senhor nosso. Assim seja.

13

CONSAGRAÇÃO AO SANGUE DE JESUS

Na consciência do meu nada e da Vossa grandeza, misericordioso Salvador, eu me prostro aos Vossos pés e Vos rendo graças pelos inúmeros favores que me haveis concedido, a mim, ingrata criatura, em especial, ao terdes me livrado, por intermédio de Vosso Preciosíssimo Sangue, da maléfica tirania de Satanás.

Em presença de Maria, minha boa Mãe, do meu Anjo da Guarda, dos meus Santos Patronos, de toda a Corte celeste, eu me consagro, ó bondosíssimo Jesus, com sincero coração e por livre decisão, ao Vosso Preciosíssimo Sangue, com o qual Vós livrastes o mundo inteiro do pecado, da morte e do inferno.

Prometo-Vos, com o auxílio da Vossa graça e segundo as minhas forças, despertar e fomentar, quanto em meu poder estiver, a devoção ao Vosso Preciosíssimo Sangue, preço da nossa salvação, a fim de que o Vosso Sangue adorável seja por todos honrado e venerado.

Quisera eu, por este modo, reparar as minhas infidelidades para com o Preciosíssimo Sangue e oferecer-Vos, igualmente, reparação por tantos sacrilégios pelos homens cometidos contra o Preciosíssimo Preço de nossa redenção.

Oxalá eu pudesse fazer desaparecer os meus pecados, as minhas friezas e todos os desrespeitos com que Vos ofendi, ó Preciosíssimo Sangue!

Vede, amantíssimo Jesus, que Vos ofereço o amor, a estima e adoração que a Vossa Mãe Santíssima, os Vossos Apóstolos fiéis e todos os Santos renderam ao Vosso Preciosíssimo Sangue, e Vos rogo, queirais esquecer-Vos das minhas infidelidades e friezas passadas e perdoeis a quantos Vos ofendem.

Aspergi-me, ó Divino Salvador, e bem assim, a todos os homens, com o Vosso Preciosíssimo Sangue, a fim de que nós, ó Amor Crucificado, desde agora e de todo o coração Vos amemos e dignamente honremos o preço da nossa salvação. Amém.

14

COROA DAS CINCO CHAGAS DE JESUS CRISTO[2]

Em nome do Pai, do Filho e do Espírito Santo. Amém.

V. Meu Deus, ajudai-me.

R. Socorrei-me, Senhor, sem demora.

V. Glória ao Pai, ao Filho e ao Espírito Santo.

R. Assim como era no princípio, agora e sempre e por todos os séculos dos séculos. Amém.

---

2 - A Congregação da Paixão de Jesus Cristo (Passionistas), fundada em 1720 por São Paulo da Cruz, promoveu a "Coroa das Cinco Chagas". Essa devoção recebeu especiais indulgências em 1823 e 1851.

Pela Virgem Dolorosa, Vossa Mãe, tão piedosa, perdoai-me, ó Bom Jesus. (bis)

1ª CHAGA - PÉ ESQUERDO:

Jesus, lembramos a chaga do Vosso pé esquerdo que continua sangrando nas famílias que são obrigadas a deixar a sua própria terra em busca de moradia, emprego e libertação.

O pouco caso manifestado diante das necessidades do nosso povo, permite que as injustiças sociais se alastrem por muitas e muitas famílias, prolongando no irmão a dor da Vossa chaga.

Meu Jesus crucificado, adoro devotamente a chaga dolorosa de Vosso pé esquerdo. Pela dor que nela sentistes e pelo Sangue Precioso que por ela derramastes, concedei-me a graça de fugir as ocasiões de pecar, de evitar o caminho da iniquidade, que me conduziriam a perdição.

A seguir, reza-se:

A seguir, reza-se: 5x Glória ao Pai... | 1x Ave Maria... | 1x jaculatória:

"Maria, minha mãe, gravai em meu coração as chagas de Jesus Crucificado."

2ª CHAGA - PÉ DIREITO:

Jesus, mais uma vez vemos dilaceradas as carnes do Vosso pé direito. Todas as vezes que caímos na tentação do comodismo, de seguir os nossos caprichos, de viver uma fé sem obras, também estamos impedindo nossos irmãos de sair de sua situação de opressão.

Jesus, dê-nos coragem e força para caminhar fazendo o bem, amenizando a dor que fere a humanidade.

Meu Jesus crucificado, adoro devotamente a chaga dolorosa de Vosso pé direito. Pela dor que nela sentistes e pelo Sangue Precioso que por ela derramastes, concedei me a graça de seguir constantemente a senda de todas as virtudes cristãs até a entrada no Paraíso.

A seguir, reza-se:

A seguir, reza-se: 5x Glória ao Pai... | 1x Ave Maria... | 1x jaculatória:

"Maria, minha mãe, gravai em meu coração as chagas de Jesus Crucificado."

3ª CHAGA - MÃO ESQUERDA:

Jesus, contemplamos a chaga de Vossa mão esquerda, lembramos e agradecemos todo bem que ela realiza através das pessoas que se deixam atrair por seu amor e que estendem suas mãos para acolher, partilhar e crescer.

Ajude-nos a estar atentos a abertos para confrontar a nossa vida com a sua palavra e deixe-nos guiar por ela, estendendo nossas mãos com gratuidade.

Meu Jesus crucificado, adoro devotamente a chaga dolorosa de Vossa mão esquerda. Pela dor que nela sentistes e pelo Sangue Precioso que por ela derramastes, não permitais que me encontre à Vossa esquerda, no meio dos réprobos, no dia do juízo final.

A seguir, reza-se:

A seguir, reza-se: 5x Glória ao Pai... | 1x Ave Maria... | 1x jaculatória:

"Maria, minha mãe, gravai em meu coração as chagas de Jesus Crucificado."

4ª CHAGA - MÃO DIREITA:

Jesus, Vossa mão direita nos conduz às necessidades alheias, interpelando-nos a não ficar indiferentes a Vossos sofrimentos e apelos.

Que a Vossa bondade nos fortaleza para que saibamos amar, acolher e perdoar. Que nossas mãos estejam sempre juntas para manter viva e acesa a chama do amor.

Meu Jesus crucificado, adoro devotamente a chaga dolorosa de Vossa mão direita. Pela dor que nela sentistes e pelo Sangue Precioso que por ela derramastes, abençoai a minha alma e conduzi-a para o Vosso reino.

A seguir, reza-se:

A seguir, reza-se: 5x Glória ao Pai... | 1x Ave Maria... | 1x jaculatória:

"Maria, minha mãe, gravai em meu coração as chagas de Jesus Crucificado."

5ª CHAGA - LADO:

Jesus, o Vosso lado transpassado, transbordando de amor e afeto para conosco, nos ensina a amar. Hoje, nem sempre reconhecemos este gesto de amor quando ficamos indiferentes aos problemas relacionados com a fome, as enfermidades e a violência de diversas formas, que agridem os direitos humanos.

Ajude-nos a amar como o Senhor amou e ensina-nos a construir o Vosso Reino de paz, de justiça e fraternidade, aliviando os sofrimentos dos irmãos.

Meu Jesus crucificado, adoro devotamente a chaga sagrada do Vosso lado. Pelo Sangue Precioso que por ela derramastes acendei no meu coração o fogo do Vosso amor e concedei-me a graça de perseverar em amar-Vos por toda a eternidade.

A seguir, reza-se:

A seguir, reza-se: 5x Glória ao Pai... | 1x Ave Maria... | 1x jaculatória:

"Maria, minha mãe, gravai em meu coração as chagas de Jesus Crucificado."

Prece: Ó Maria, você que acompanhou Jesus desde o Seu nascimento até a consumação na cruz, acompanhe-nos nesta lida para que sejamos onde todos possam encontrar o amor de Deus por meio da Paixão o Seu Filho. Conceda-nos a graça de ter em nosso corpo as marcas do mesmo amor que O levou a dar a vida por nós.

ORAÇÃO DO PRECIOSÍSSIMO SANGUE DE JESUS

Ó Deus, que redimistes os homens pelo Preciosíssimo Sangue de Vosso Filho, conservai em nós a obra de Vossa misericórdia, para que, celebrando constantemente o mistério da nossa salvação, possamos alcançar os frutos, oferecendo-Vos com toda humildade a nossa vida, para que se faça em nós a

Vossa vontade. Fazei que sejamos sempre lavados pelo Sangue de nosso Salvador. Torne-se Ele em nós fonte que jorra para a vida eterna. Amém!

ORAÇÃO EM HONRA AS CINCO CHAGAS

Senhor Jesus Cristo, pelos méritos da dor que sentistes quando Vossas mãos e pés foram cravados na cruz, concedei-me a graça de Vos adorar eternamente. Amém

Senhor Jesus Cristo, pelos méritos do Sangue e Água que jorraram do Vosso lado, transpassado pela lança, acolhei-nos a todos dentro de Vosso Coração.

15

ADORAÇÃO ÀS CINCO SANTAS CHAGAS DE NOSSO SENHOR JESUS

(De Joelhos em frente ao Sacrário ou ao Crucifixo)

- Fazer cinco vezes o sinal da Santa Cruz em honra às cinco grandes Chagas de nosso Senhor.

- Rezar o Ato de Contrição: Confesso a Deus, Pai Todo-Poderoso e a vós, irmãos, que pequei muitas vezes por pensamentos e palavras, atos e omissões, (batendo no peito) por minha culpa, minha tão grande culpa. E peço à Virgem Maria, aos Anjos e Santos, e a vós, irmãos, que rogueis por mim a Deus, Nosso Senhor.

- Oração pedindo a efusão do Espírito Santo ("Vinde, Espírito Santo..." pág 38)

- Creio... | Pai Nosso... | Ave-Maria... | 3x Glória ao Pai...

Eu creio, ó Jesus, que estás verdadeira e realmente presente no Santíssimo Sacramento. Creio que Vossas Mãos, Vossos pés e Vosso Sagrado Peito conservam, debaixo dos véus Eucarísticos, como na Glória do Céus, os sagrados Sinais das Chagas abertas pelos cravos e pela lança. Beijo o espírito de Deus, adoro com fé, considero com amor, reconhecimento e admiração esses Estigmas benditos, fixando neles o olhar de minha Alma para agradecer-vos a grandiosidade do Vosso Amor e da Vossa Misericórdia. Ó, Senhor JESUS, deixai-me adentrar as Vossas cinco Chagas com MARIA Santíssima, Vossa Mãe, São João, Madalena, São Francisco de Assis, Santo Frei Pio de Pietrelcina e tantos outros santos de todos os séculos que muito terna e amorosamente as tem compreendido e amado.

Purificai-me! Esclarecei-me! Inflamai-me de amor e piedade pelas Vossas Santas, Salvadoras e Redentoras Chagas!

(pequena pausa para meditação)

O Salvador havia subido a encosta do monte Calvário, curvado sob o peso da Cruz. Exausto pelas dores, espancamentos e as três quedas na Via

Dolorosa a túnica colada às incontáveis Chagas, abertas pelos açoites e os demais tormentos a que fora submetido, desde sua prisão, na noite anterior; a Cabeça perfurada pelos espinhos da coroa; a Face dilacerada por cortes, contusões, e os olhos invadidos por lágrimas e Sangue; eis o estado em que se encontrava o Cordeiro de Deus.

Era em torno de meio dia. Os algozes então, com violência e brutalidade, arrancam Sua veste e a coroa de espinhos. Vê-se imediatamente a correr o preciosíssimo Sangue do Senhor, como de mil fontes, ao mesmo tempo. Pedaços de sua Imaculada Carne são arrancados junto com a túnica e os espinhos da coroa.

Então, a Augusta e Santa Vítima fica exposta, em humilhante nudez, aos olhares curiosos, insultantes e ferozes dos carrascos. A Cruz, o Altar da Santa Imolação, está estendida no chão, aguardando o Deus de Amor que iria abençoá-La com Seu Martírio. Os verdugos, ato contínuo, deitam violentamente sobre Ela o Altíssimo, o Salvador do gênero humano, e JESUS deixa-se levar com tanta entrega, tanta paz e doçura, como um tenro menino que sua mãe acomoda no berço...

(Prostrados, em profundo recolhimento, transportemo-nos espiritualmente ao Calvário, para nesse exato momento, como se agora estivesse ocorrendo a cena descrita, Adorar a nosso amado e amoroso Senhor.)

OS ALGOZES TOMAM A MÃO DIREITA DE JESUS...

Ajustam-Na ao braço direito da Cruz, abrem-Lhe a Palma, aplicam-Lhe um grosso cravo, longo e triangular, e a golpes de martelo, fazem-no penetrar primeiro nas carnes e depois na madeira da Cruz.

Ouvem-se as pancadas, uma após a outra, ora agudas, ora surdas, conforme acertam o cravo ou vão martirizar a Santíssima Mãe de Nosso Senhor. Aquela Mão divinal que só tinha feito o bem: abençoado, erguido, curado, afagado, apoiado, salvado...

Os músculos rasgam-se, os nervos rompem-se e as carnes diláceram-se, o cravo atravessou e vai além, até alojar-se no duro e frio madeiro. Jesus continua no Seu heroico silêncio, entregue aos desígnios de Amor, Misericórdia e Salvação da humanidade, nem um só momento de impaciência, nem um só queixume. O Seu olhar compassivo, de bondade, passa pelos algozes e fixa-se no Céus, onde o Eterno Pai e os nove Coros de Anjos, em profundo silêncio, sofrem juntamente e respectivamente com Seu Amado Filho e Rei; as horas finais da libertação dos homens e da reabertura do Reino dos Céus!

(Prostrados, em profundo recolhimento, transportemo-nos...)

É A MÃO ESQUERDA QUE ELE AGORA ENTREGA...

Mas esta não chega ao lugar do cravo. A violência com que fora cravada a Mão direita, puxara todo Corpo para esse lado. Passou-se então uma terrível cena: os algozes puxam com toda força o Braço esquerdo, mas, apesar disso, não conseguem estirá-lo o bastante, para chegar ao buraco do cravo. Apoiam então os joelhos sobre as Costelas de Jesus com tal violência, que apesar de não as partirem, fazem-Nas estalar; conseguem assim, através de mais esse inimaginável sofrimento do Salvador, alcançar o ponto desejado.

Começam então, outra vez, a cair os horríveis golpes do martelo, com seu tenebroso eco, apenas interrompido pelas blasfêmias dos carrascos e as gargalhadas infernais dos fariseus e sumos sacerdotes. Tentemos imaginar o que tudo isso não causava de tremendo sofrimento ao Imaculado Coração de Maria, a Madalena, João e as santas mulheres que a tudo acompanhavam, assistindo a Celestial Vítima ser imolada com tanta crueldade.

(Prostrados, em profundo recolhimento, transportemo-nos...)

OS PÉS DE JESUS TAMBÉM SÃO PUXADOS COM BRUTALIDADE...

Todo o Corpo se havia contraído pela bárbara tensão nos Braços, Seus Joelhos estavam por isso mesmo contraídos.

Os verdugos ligaram-No com cordas, e enquanto uns estavam com os joelhos sobre o Peito do Senhor, para impedir algum tipo de reação, e também para que as santas Mãos não se rasgassem totalmente e se desprendessem dos braços da Cruz, outros puxavam-No violentamente até chegarem ao furo aberto no pé da Cruz. Foi uma deslocação espantosa, todos os Ossos de Jesus estalaram juntamente, deixando ver as protuberâncias e as juntas através da Pele. Realizou-se então a dolorosa profecia: *"**Transpassaram as Minhas Mãos e Meus pés; contaram todos os Meus Ossos**"*. Quem poderá imaginar as terríveis dores que sentiu nosso Salvador?

Levados enfim os dois Pés ao ponto desejado, foram cruzados e pregados um sobre o outro. Através da massa sólida dos músculos palpitantes, enterrou-se lentamente o cravo, fazendo o redentor sofrer uma agonia inexplicável, por falta dum ponto onde apoiar os Pés, em tal posição, depois de enterrados os cravos, viraram a Cruz para os dobrar as pontas: Jesus foi lançado de peito sobre o solo.

O peso da Cruz redobrado pelos golpes do martelo, que caíam sobre a ponta dos cravos, martirizava-O, esfolando-O violentamente contra o chão pedregoso. Seu Peito oprimido sentia dificuldades em respirar, suas mãos e pés dilacerados eram amontoados de carnes despedaçadas disformes e palpitantes, donde corriam jarros de Sangue.

Nessa altura os carrascos erguem a Cruz e colocam-Na no furo aberto na rocha. Cada tranco na descida rasga ainda mais as Mãos e os pés da Augusta Vítima. Mas, de repente, ela resvala até o fundo da cavidade onde bruscamente para. Todos os ossos de Jesus se entrechocam, as Chagas alargam-se mais e o Preciosíssimo Sangue corre abundantemente.

Estas quatro grandes Chagas abertas nas Mãos e nos Pés do Salvador ficaram expostas ao sol ardente, sem que ninguém as tratasse, pois os soldados impediam, com violência, qualquer tentativa de aproximação de Nossa Mãe Dolorosa, Madalena e João.

Durante as três longas horas em que esteve Crucificado, Nosso Senhor sentia constantemente a renovação das terríveis dores dos primeiros instantes em que fora pregado, pois pelo peso de Seu Santo Corpo e a posição em que Se encontrava, as Chagas continuaram a abrir-se... **Oh! Quanta dor Meu Amoroso Jesus!**

(Prostrados, em profundo recolhimento, transportemo-nos...)

O SALVADOR, NOSSO SENHOR JESUS CRISTO, EXALOU SEU ÚLTIMO SUSPIRO...

Um soldado aproxima-se da Cruz e com uma lançada atravessa-Lhe o Santo

Peito e o Sacratíssimo Coração, de lado a lado. Então juntamente com o brutal e frio ferro acompanha-lhe na saída uma dupla corrente, ainda quente, dos Preciosíssimos Sangue e Água que cai, ao mesmo tempo, sobre o algoz lanceiro e o ladrão arrependido, como um salutar batismo. Esta foi a última Chaga que Jesus recebeu, ou seja, doou-nos absolutamente tudo, até a maior Fonte de Amor que a humanidade conheceu, o Divino Coração do próprio Deus!

Nesse momento, o Redentor não chegou a sentir dor física, pois Sua alma já havia deixado o Santo Corpo, mas antecipadamente tinha aceito mais esse terrível ignomínia da parte dos homens, portanto tornando-se infinitamente meritória.

Após ser retirado do altar da santa imolação, a Cruz, foi a Dulcíssima Vítima colocada nos santos, ternos e amorosos Braços da Mãe das Dores, que a tudo também sofreu, espiritualmente, em Seu Imaculado Corpo e Coração. Nesse sublime, doloroso e misterioso momento o Redentor da humanidade coroava, também pelo sofrimento, a aceitação e a entrega silenciosa aos desígnios da Santíssima Trindade, sua Santíssima e Puríssima Mãe como **Co-Redentora do gênero humano**. Coroação que mais tarde, já na Glória Celeste, o Rei dos reis concluiria coroando, definitivamente e para eternidade, Sua amada e Amorosa Mãe como Rainha do Céu e da Terra.

(Prostrados, em profundo recolhimento, transportemo-nos...)

Jesus! Jesus! Eu adoro todas as Vossas Santas Chagas, pois foram frutos do Vosso Amor por todos e cada um de nós; de modo especial adora as Vossas cinco grandes Chagas no Calvário, na hora em que Vós as recebestes; adoro-As no Céus, gloriosas e triunfantes e adoro-As no Santíssimo Sacramento, Senhor da minha salvação.

Na Santa Hóstia, debaixo do sagrado Véu, o Salvador conserva nas Mãos, nos Pés e no Peito as Chagas da Sua Dolorosíssima Paixão. Elas continuam abertas, liberando o bálsamo do Preciosíssimo Sangue do sofrido e amoroso Jesus. São retiros, refúgios sagrados e doces! Entrai neles pela Santa Comunhão! Adentrai mais fundo, do que penetraram os cravos e a lança do centurião, mais profundamente do que o toque de Tomé Apostolo e deixai correr sobre vós o Sacratíssimo Néctar dessas Fontes Puríssimas. Enfim, aí purificai-nos, repousai e apreciai o quanto Nosso Senhor e Salvador Jesus Cristo é ternura e doçura.

(prostrados, em profundo recolhimento, adoremos ao Deus de Amor)

Oração, Pedido e Graças prometidas por Nosso Senhor Jesus Cristo à veneração da Chaga de seu Santo OMBRO:

Em uma ocasião, em Oração, São Bernardo perguntou ao Divino Redentor, qual era a dor que sofrera mais e que era a mais desconhecida dos homens, Jesus respondeu:

"Eu tinha uma chaga profundíssima no ombro no qual carreguei a minha pesada Cruz. Essa chaga era mais

dolorosa que as outras. Os homens não fazem dela menção porque não a conhecem. Honrai essa chaga e farei tudo o que por ela me pedirdes."

ORAÇÃO:

Ó Amantíssimo Jesus, manso Cordeiro de Deus, apesar de eu ser uma criatura miserável e pecadora, Vos adoro e venero a Chaga causada pelo peso da Vossa Cruz que, dilacerando Vossas carnes, desnudou os ossos do Vosso Ombro Sagrado e da qual a Vossa Mãe Dolorosa tanto se compadeceu.

Também eu, ó Aflitíssimo Jesus, me compadeço de Vós e do fundo do coração Vos louvo, Vos glorifico, Vos agradeço por propor esta chaga dolorosa de Vosso Ombro em que quiseste carregar a Vossa Cruz, pela minha salvação e pelo sofrimento que padecestes, Vos rogo com muita humildade, tende piedade de mim, pobre criatura pecadora, perdoai os meus pecados, conduzindo-me ao Céu, pelo caminho da Vossa Santa Cruz. Assim seja.

Rezam-se 7x Ave Maria...

E acrescenta-se: *"Minha Mãe Santíssima, imprimi no meu coração as chagas de Jesus crucificado. Ó dulcíssimo Jesus, não sejais meu Juiz, mas meu Salvador".*

Nihil Obstat

Monsenhor João de Azevedo Tambaté,

21/4/1942

16

SETE OFERECIMENTOS DO SANGUE DE JESUS

Ofereço-vos, Eterno Pai, os merecimentos do Preciosíssimo Sangue de Jesus, Vosso Amado Filho e meu Divino Redentor, pela propagação e exaltação da minha terna Mãe, a Santa Igreja, pela conservação e prosperidade de seu Chefe visível, o Sumo Pontífice Romano, pelos Cardeais, Bispos e Pastores das almas e por todos os Ministros do Santuário. Glória ao Pai...

Bendito e louvado seja para sempre Jesus, que nos salvou com Seu Sangue.

Ofereço-vos, Eterno Pai, os merecimentos do Preciosíssimo Sangue de Jesus, Vosso Amado Filho e meu Divino Redentor, pela paz e concórdia entre os príncipes Católicos, pela confusão dos inimigos da Santa Igreja, e pela felicidade do povo cristão. Glória ao Pai... Bendito e louvado seja para sempre Jesus, que nos salvou com Seu Sangue.

Ofereço-vos, Eterno Pai, os merecimentos do Preciosíssimo Sangue de Jesus, Vosso Amado Filho e meu Divino Redentor, para obter o regresso dos incrédulos à verdade, a extirpação de todas as heresias e a conversão dos pecadores. Glória ao Pai... Bendito e louvado seja para sempre Jesus, que nos salvou com Seu Sangue.

Ofereço-vos, Eterno Pai, os merecimentos do Preciosíssimo Sangue de Jesus, Vosso Amado Filho e meu Divino Redentor, por todos os meus parentes, amigos, pelos pobres, pelos enfermos e aflitos, e por todos aqueles por quem sabeis que devo pedir e quereis que peça. Glória ao Pai... Bendito e louvado seja para sempre Jesus, que nos salvou com Seu Sangue.

Ofereço-vos, Eterno Pai, os merecimentos do Preciosíssimo Sangue de Jesus, Vosso Amado Filho e meu Divino Redentor, por todos os que passarem hoje à outra vida, a fim de que os livreis das penas do inferno, e os leveis logo à posse da vossa glória. Glória ao

Pai... Bendito e louvado seja para sempre Jesus, que nos salvou com Seu Sangue.

Ofereço-vos, Eterno Pai, os merecimentos do Preciosíssimo Sangue de Jesus, Vosso Amado Filho e meu Divino Redentor, por todos os que apreciam o valor de tão belo tesouro, pelos que estão unidos comigo para O adorarem e honrarem e finalmente pelos que trabalham em propagar esta devoção. Glória ao Pai... Bendito e louvado seja para sempre Jesus, que nos salvou com Seu Sangue.

Ofereço-vos, Eterno Pai, os merecimentos do Preciosíssimo Sangue de Jesus, Vosso Amado Filho e meu Divino Redentor, por todas as minhas necessidades espirituais e temporais, em sufrágio das santas almas do purgatório e em particular daquelas que foram mais devotas do preço da nossa Redenção e das dores e angústias de nossa terna Mãe, Maria Santíssima. Glória ao Pai... Bendito e louvado seja para sempre Jesus, que nos salvou com Seu Sangue.

Louvado seja o Sangue de Jesus agora e sempre, por todos os séculos dos séculos. Assim seja. Oh! Pai, Filho, Espírito Santo! Santíssima Trindade! Jesus! Virgem Maria! Anjos Benditos, Santos e Santas do Paraíso, alcançai-me esta graça que peço pelo Preciosíssimo Sangue de Jesus Cristo: De fazer sempre a vontade de Deus, De estar sempre unido a Deus, De não pensar senão em Deus, De amar só a Deus, De buscar só a Glória de Deus, De fazer-me santo só por Deus, De conhecer bem o meu nada, De conhecer cada vez mais a vontade de Deus e (a graça que necessito para a salvação).

Maria Santíssima, oferecei ao Eterno Pai, o Sangue Preciosíssimo de Jesus Cristo pela minha alma, pelas santas almas do purgatório, pela necessidade da Santa Igreja, pela conversão dos pecadores e por todo o mundo.

Rezar três vezes o Glória ao Pai em honra ao Sangue Preciosíssimo de Jesus Cristo e uma vez a Ave-Maria... em honra à Nossa Senhora das Dores.

Pelas almas do purgatório, rezar: Dai-lhes, Senhor, o eterno descanso, entre os resplendores da luz perpétua. Descansem em paz. Amém.

17

ORAÇÃO PARA BEBER ÁGUA BENTA

Senhor Jesus Cristo, esta água é para mim a que jorrou do Vosso peito aberto na Cruz. Que, ao penetrar no meu corpo, limpe todas as impurezas do meu coração; que ela torne minha língua digna de palavras que agradem a Vós e aos meus irmãos. Que esta santa água cure as enfermidades de que necessito de alívio, cure também as que estão escondidas no mais íntimo do meu ser. Fonte de vida, que todo o meu ser sinta, ó água santa e bendita de Deus, o amor misericordioso do Senhor dentro de mim. AMÉM.

18

ORAÇÃO AO ACENDER UMA VELA

(Oração encontrada na Catedral de São Pedro, em Lisieux, França, paróquia de Santa Teresinha do Menino Jesus.)

Senhor, que esta vela que eu acabo de acender seja luz, a fim de que Vos digneis me esclarecer nas minhas dificuldades e nas minhas decisões. Que seja fogo, a fim de que queimeis em mim todo egoísmo, orgulho e impureza. Que seja chama, a fim de que aqueçais meu coração. Não posso permanecer muito tempo na Vossa igreja. Deixando arder esta vela, é um pouco de mim mesmo que Vos quero dar. Ajudai-me a prolongar a minha oração nas atividades deste dia. AMÉM.

19

EXAME DE CONSCIÊNCIA PARA UMA BOA CONFISSÃO INDIVIDUAL

No Catecismo da Igreja Católica (CIC), sobre o Sacramento da Confissão, temos:

CIC n. 1425: *"Vós fostes lavados, fostes santificados, fostes justificados pelo nome do Senhor Jesus Cristo e pelo Espírito do nosso Deus"* (1Cor 6,11). Precisamos de tomar consciência da grandeza do dom de Deus que nos foi concedido nos sacramentos da iniciação cristã, para nos apercebermos de até que ponto o pecado é algo de inadmissível para aquele que foi revestido de Cristo. Mas o apóstolo São João diz também: *"Se dissermos que não temos pecado, enganamo-nos a nós mesmos, e a verdade não está em nós"* (1Jo 1,8). E o próprio Senhor nos ensinou a rezar: *"Perdoai-nos as nossas ofensas"* (Lc 11, 4), relacionando o perdão mútuo das nossas ofensas com o perdão que Deus concederá aos nossos pecados.

CIC n. 1423: É chamado sacramento da conversão, porque realiza sacramentalmente o apelo de Jesus à conversão e o esforço de regressar à casa do Pai da qual o pecador se afastou pelo pecado. É chamado sacramento da Penitência, porque consagra uma caminhada pessoal e eclesial de conversão, de arrependimento e de satisfação por parte do cristão pecador.

CIC n. 1424. É chamado sacramento da confissão, porque o reconhecimento, a confissão dos pecados perante o sacerdote é um elemento essencial deste sacramento. Num sentido profundo, este sacramento é também uma «confissão», reconhecimento e louvor da santidade de Deus e da sua misericórdia para com o homem pecador. E chamado sacramento do perdão, porque, pela absolvição sacramental do sacerdote. Deus concede ao penitente «o perdão e a paz» E chamado sacramento da Reconciliação, porque dá ao pecador o amor de Deus que reconcilia: *"Deixai-vos reconciliar com Deus"* (2 Cor 5, 20). Aquele que vive do amor misericordioso de Deus está pronto para responder ao apelo do Senhor: *"Vai primeiro reconciliar-te com teu irmão"* (Mt 5, 24).

Diante deste entendimento, e desejando uma profunda conversão, vamos iniciar um profundo exame de consciência, avaliando as nossas faltas diante dos mandamentos da Igreja. Os mandamentos são uma exigência do amor. Deus nos pede para o amarmos e nos amarmos. Será que o fazemos?

AMANDO A DEUS ACIMA DE TUDO:

Neguei a fé? Duvidei da existência de Deus? Escarneci da religião? Deixei de rezar por muito tempo? Vivi em ativismo, esquecendo minha oração? Declarei que o matrimônio, o sacerdócio, a confissão, a missa estão ultrapassados? Obedeci aos pedidos de Deus para mim ou esqueci os propósitos que havia feito?

A quem (ou o que) dei a maior atenção? Fiz da minha família, trabalho, apostolados, programas, ideias ou outras coisas boas meu primeiro amor? Sei na prática o que é confiar no amor e o poder de Deus? Confio tudo a Deus ou quero fazer tudo eu sozinho? Confio em Deus quando tudo parece ir mal? Ou questiono a Deus quando estou atravessando um momento difícil? Caí na superstição ou outra prática religiosa alheia ao cristianismo?

Sei o que é esperar no Senhor, escutá-Lo? Tenho feito isso? Quando me dá algum ensinamento eu o guardo em meu coração e procuro aprofundá-lo? Incluo meu esposo/a (ou outra pessoa formada e prudente) em meu discernimento ou só lhes informo de minhas decisões? Escuto, obedeço e respeito aos que têm legítima autoridade sobre mim (leis justas, chefes etc.)? Que critérios tenho para determinar se algo que quero fazer é do Espírito Santo ou é meu? Parece-me importante ter e seguir sempre esses critérios?

Uso os dons que Deus me deu para sua Glória? Estou aberto a receber novos dons segundo Deus disponha? Procuro conhecer na oração a vontade de Deus para minha vida? Obedeço o ensino do magistério ou interpreto à minha maneira? O que motiva minha vida, a vontade de Deus ou meus próprios "bons" planos (minha vontade)? Permito que Deus me guie ou Lhe "entrego" os planos já feitos para que os abençoe? Meus gostos, critérios, dúvidas, confusões, pensamentos, atitudes e valores - em que instâncias não estiveram sob o Senhor? Em meus gostos, meus critérios, medos, dúvidas, confusões...

NÃO TOMANDO O SEU SANTO NOME EM VÃO:

Cantei músicas blasfemas? Zombei da Igreja, das cerimônias religiosas ou de seus representantes? Falei mal do Santo Padre, o Papa? Acusei a Igreja de ser falsa, ou desonesta? Acusei Deus de injusto? Roguei pragas? Contei piadas em que Deus aparece como personagem, rindo d'Ele? Jurei em falso, ou à toa? Vivi a minha fé com desleixo?

GUARDANDO OS DIAS SANTIFICADOS:

Passei o Domingo na frente da televisão? Faltei a missa nesse mesmo dia? Fiz piada com a santa missa? Disse que "já assisti missas que chega"? Fui na missa para "cumprir a obrigação"? Dediquei uma parte do meu tempo a Deus, lendo a Bíblia e rezando? Dei mais atenção as coisas do mundo neste dia que deve ser dedicado a oração, e descanso? Coloquei outras coisas como prioridade ao invés de ir à missa?

Rejeito o pecado embora este seja aceitável segundo a cultura? Pensei ou atuei levianamente como se a retidão dos Santos é "exagero"? Evitei a ocasião de pecado: ambientes, programas, más amizades…? Procuro que Deus me mostre meu pecado (também pecados velhos e esquecidos)? Reconheço e reparo com responsabilidade meus pecados e faltas ou me justifico? Quando me corrigem, fico agradecido? Quando foi minha última confissão? Minimizei o pecado por pena? Houve mudanças? Fiz uma confissão completa ou escondi algo? Há algo (hábito, ferida, complexo) que o inimigo usa para seu proveito? O que faço para permitir que

Deus me liberte? Devo me reconciliar com alguém e não o tenho feito?

HONRANDO PAI E MÃE:

Fui desobediente aos pais, autoridades ou superiores? Desejei-lhes algum mal, talvez a morte? Obedeci-lhes em coisas contrárias à lei de Deus? Negligenciei como pai e mãe ou irmão mais velho, os deveres de educação e instrução religiosa? Omiti ou menti algo dos meus pais ou superiores? Faltei com respeito a alguma autoridade? Dou tempo à família? Jantar juntos? Diversões?

NÃO MATANDO:

Tive ódio? Recusei o perdão a quem me pediu? Desejei a morte para mim ou para outros? Pensei em desistir da minha vida? Ensinei a praticar pecados? Seduzi alguém ao pecado? Defendi o assassínio de bebês por meio do aborto? Desejei a guerra, ou me entusiasmei por ela? Falei que "a Terra tá cheia demais, e precisa mesmo morrer gente"? Parei de falar com as pessoas por raiva delas? Viro o rosto quando passo na rua por alguém que não gosto? Falo da vida de alguém para uma terceira pessoa, espalhando mau imagem do outro?

GUARDANDO A CASTIDADE:

Não cobiçando a mulher (ou marido) do próximo: Tenho visto revistas e filmes pornográficos? Faço ou aprovo o sexo sem o matrimônio ou fora do matrimônio? Defendi ou propaguei a sua leitura? Acaso me divirto observando na rua o corpo das pessoas, e fazendo gracejos com elas, ou em conversas indecentes sobre as pessoas que passam? Tenho me vestido de maneira sensual? Provoquei os outros com meu comportamento? Fiz intriga para acabar namoros ou casamentos que eu não aprovava, ou cobiçava? Aprovo a prostituição? Sou promíscuo? Zombei da virgindade de alguém? Me envergonhei da minha virgindade, rejeitando-a? Usei palavreados desnecessário abrindo brechas aos pensamentos e sentimentos indevidos? Busquei ajuda para equilibrar a minha sexualidade? Vivo escravo de pensamentos e desejos que distorcem quem eu sou? Vivo como quem acha normal atos contra a santidade?

NÃO ROUBANDO:

Não cobiçando as coisas alheias: Prejudiquei alguém ou tive desejo de prejudicar, enganando no troco, nos pesos e nas medidas, ou roubando? Roubei ou não devolvi coisas que peguei emprestado, canetas, livros ou coisas mais? Fiz dívidas desnecessárias à subsistência? Paguei as minhas dívidas? Comprei fiado, sem ter como pagar? Gastei meu salário com outras coisas, faltando em casa para a comida e contas? Recusei a dar esmolas, nem que seja de comida? Roubei de Deus o dinheiro que devia dar a Ele para o sustento da Igreja e de minha comunidade? Deixei de devolver algo que não me pertence? Paguei com justiça os meus empregados?

NÃO MENTINDO:

Falei mal dos outros pelas costas? Fui fiel à verdade ao comentar acontecimentos passados, com as pessoas que eram envolvidas? Exagerei ou inventei qualidades para ganhar um emprego ou subir no emprego? Prejudiquei alguém com minhas palavras? Fiz alguém perder o emprego? Fiz juízo errado das pessoas? Duvidei da honestidade de alguém? Acusei algum mendigo ou pedinte de desonestidade? Revelei faltas ocultas dos outros? Ridicularizei ou humilhei alguém na frente dos outros? Fui fingido? Digo aos outros que sou católico mas não frequento a Igreja? Caluniei os sacerdotes e religiosas? Me permito ficar rodeado por minhas próprias ilusões e verdades, jurando sempre estar certo? Quantas vezes já deu o "braço a torcer" dizendo me perdoa ou eu te amo? Quem inspira minhas palavras: Deus ou meu ego? Quis dar minha opinião em tudo? Digo a verdade? Revelei segredos? Julguei ou fiz fofocas? Queixei-me procurando comiseração ou desafogo? Pus minha atenção ao indevido? Falei o que não edifica: piadas grosseiras, que ferem a alguma raça, nacionalidade etc.?

VESTINDO OS QUE ESTÃO NUS:

Tenho roupas demais? Tenho o armário cheio de roupas e digo "não tenho o que vestir"? Me visto só com roupas da moda? Já dei uma roupa nova e bonita a alguém que precisava dela? O que faço com as roupas que me sobram?

CONSOLAR OS AFLITOS:

Tenho conversado com meus filhos, ensinando-os a moral cristã? Tenho ensinado eles ou os outros a não pecar, por amor a Deus? Tenho aconselhado os pais a batizar os filhos, e os pecadores a se confessar? Aconselhei alguém a evitar o suicídio, ou a não usar drogas? Me ofereço para dar catequese? Perdoar as injúrias; Sofrer com paciência as fraquezas do próximo; Corrigir os que erram: Tenho tido paciência com os erros dos outros? Tenho perdoado com facilidade a quem me ofendeu? Tenho alertado às pessoas de vida errada? Tenho alertado aos jovens promíscuos sobre o seu erro? Tenho corrigido meus filhos quando erram?

Sou testemunho? Sou sal da terra e luz do mundo? Me esforço de todo coração para que Cristo seja conhecido e amado por todos? Estou em comunhão com o espírito missionário da Igreja? Levo a minhas amizades ao Senhor ou deixo que elas me arrastem ao mundo?

Quando evangelizo, faço com segurança ou como se fosse uma opinião qualquer? Respondo ao Espírito ou me paralisa pensar no "que dirão"?

DOMÍNIO DAS EMOÇÕES:

Ressentimentos, caprichos, impulsos, medos…. Quais são minhas emoções mais salientes? Submeto-as ao Senhor para as processar para o bem? De que forma estão afetando meu comportamento? Procuro primeiro meu interesse e comodidade ou servir com amor?

DIANTE DO ORGULHO:

Só penso em mim e nos meus problemas? Sou indiferente aos problemas e dificuldades dos outros? Sou arrogante? Sempre quero Ter razão em tudo? Nunca abro mão de meus pensamentos ou convicções? As minhas preocupações e projetos estão sempre em primeiro lugar? Acho-me melhor que o outro? Sou ingrato(a): nunca agradeço ao que fazem por mim? Nunca estou errado? Não reconheço os meus erros? Não consigo pedir perdão ao outro mesmo sabendo que estou errado(a)? Tenho dificuldade em perceber o acerto do outro? Falo demais de mim mesmo(a) e não tenho paciência pra ouvir o que o outro precisa dizer? Gosto que os outros reconheçam as minhas qualidades? Gosto de me mostrar, de me exibir ao outro? Vanglorio-me de minhas qualidades, de meus dons?

Vanglorio-me das coisas que Deus age por meu intermédio? Não consigo reconhecer a grandiosidade de Deus? Acho que sou sempre o "dono da situação" que eu penso é sempre o melhor? Sou muito autossuficiente? Faço tudo o que quero e não me importo com a opinião do outro? Fui humilde ao pensar, comparei-me com outros, tratei de chamar a atenção com minha sabedoria, meu físico etc.? Reconheço-me pequeno? Desprezo os outros em meu coração? Me ressenti pelo trato ou posto recebido? Qual é a motivação de minhas aspirações? Distingo entre o que é doutrina e o que é minha opinião? Sou prudente ao dar minha opinião? Acredito que é a única? Acredito que sem minha presença as coisas não vão bem? Sei distinguir o que é minha missão ou me intrometo no que não me corresponde? Reconheço que não tenho razão de me glorificar mas sim em Cristo? De que forma minhas ações estão misturadas com orgulho, vaidade, egoísmo? Reconheço meus enganos e peço perdão? Posso ajudar sem mandar?

DIANTE DA AVAREZA:

Tenho um apego muito grande às coisas materiais? Tenho muito apego às pessoas? Tenho ciúme desordenado das pessoas que amo? Tenho dificuldade de partilhar e falar de minha vida com os outros (avareza de si mesmo)? Preocupo-me demais com o dinheiro? Tenho dificuldades de abrir mão de bens materiais? Não deixo que o outro (esposo(a), filho(a), irmão(ã), amigo...) mexa em minhas coisas? Não deixo que o outro use de minhas coisas? Sempre guardo o que é "meu" para ninguém mexer? Tenho dificuldade de abrir mão do dinheiro, dificuldade de gastá-lo? Sou "mesquinho"?

DIANTE DA GULA:

Como ou bebo? Demais, além do necessário? Sou viciado a algum tipo de alimento (chocolates, doces, salgados, bebidas...)? Reclamo demais da comida que me fazem? Tenho "requintes exagerados" para comer? Faço da comida uma satisfação de desejos desequilibrados? Uso do alimento para resolver minhas ansiedades? Cuido do corpo que o Senhor me deu ou o desrespeito por prazeres?

DIANTE DA IRA:

Sou uma pessoa muito irada, muito nervosa? Alimento em mim um desejo de vingança contra aquele que me fez algum tipo de mal? Não consigo perdoar aquele que faz algum tipo de mal por mim?

Sou muito mal-humorado(a)? Reclamo de tudo e todos? Sou violento(a)? Brigo sempre com as pessoas? Tenho sempre discussões sem motivo? Estou sempre nervoso? Magoo as pessoas com o meu nervosismo? Fico nervoso(a) e bravo(a) comigo mesmo(a)? Qualquer coisa, por menor que seja, me irrita? Estou sempre irritado com meu esposo(a), filhos, amigos, irmãos, parentes, mãe, pai...? Nunca estou satisfeito(a) com a situação que me cerca? Fico sempre remoendo mágoas? Faço de tudo pra não perdoar àquele que me magoou e com isso, fico arquitetando vingança pra ele? Fico muito nervoso(a) com coisas pequenas?

DIANTE DA INVEJA:

Tenho inveja daquilo o que o outro tem (casa, carro, roupa, perfume, beleza, dinheiro, qualidades etc...)? Tenho desgosto pela felicidade do outro? Não consigo querer bem ao outro? Tenho inveja das obras que Deus faz na vida do outro? Tenho inveja dos dons que o Senhor entrega ao outro? Fico triste quando acontece algo de bom com o outro? Tenho inveja do cargo social, do emprego do meu amigo(a), esposo(a)...? Tenho inveja das amizades que o outro tem? Alegro-me, com a derrota, com a desgraça do outro? Torço para que aconteça coisas de errado com o outro? Não fico feliz com a felicidade do outro?

ATO DE CONTRIÇÃO:

Senhor meu Jesus Cristo, Deus e homem verdadeiro, Criador e Redentor meu, por serdes Vós quem Sois, sumamente bom e digno de ser amado sobre todas as coisas, e porque Vos amo e Vos estimo, pesa-me, Senhor, de Vos ter ofendido; e proponho firmemente, ajudado com os auxílios de Vossa Divina Graça, emendar-me e nunca mais tornar a Vos ofender; espero alcançar de Vossa Infinita Misericórdia o perdão de minhas culpas. Amém.

REFERÊNCIAS BIBLIOGRÁFICAS

BÍBLIA SAGRADA. Tradução Oficial da CNBB. Brasília: Edições CNBB, 2018.

CATECISMO DA IGREJA CATÓLICA. Brasília: Edições CNBB, 2013.

ANGELVS
EDITORA

www.angeluseditora.com